7

Lk 1189.

L'EMPRUNT

DE

VINGT MILLIONS

PAR

M. TROIS ÉTOILES

~~~

BORDEAUX.

IMPRIMERIE GÉNÉRALE DE Mme CRUGY,

rue et hôtel Saint-Siméon, 16.

1860

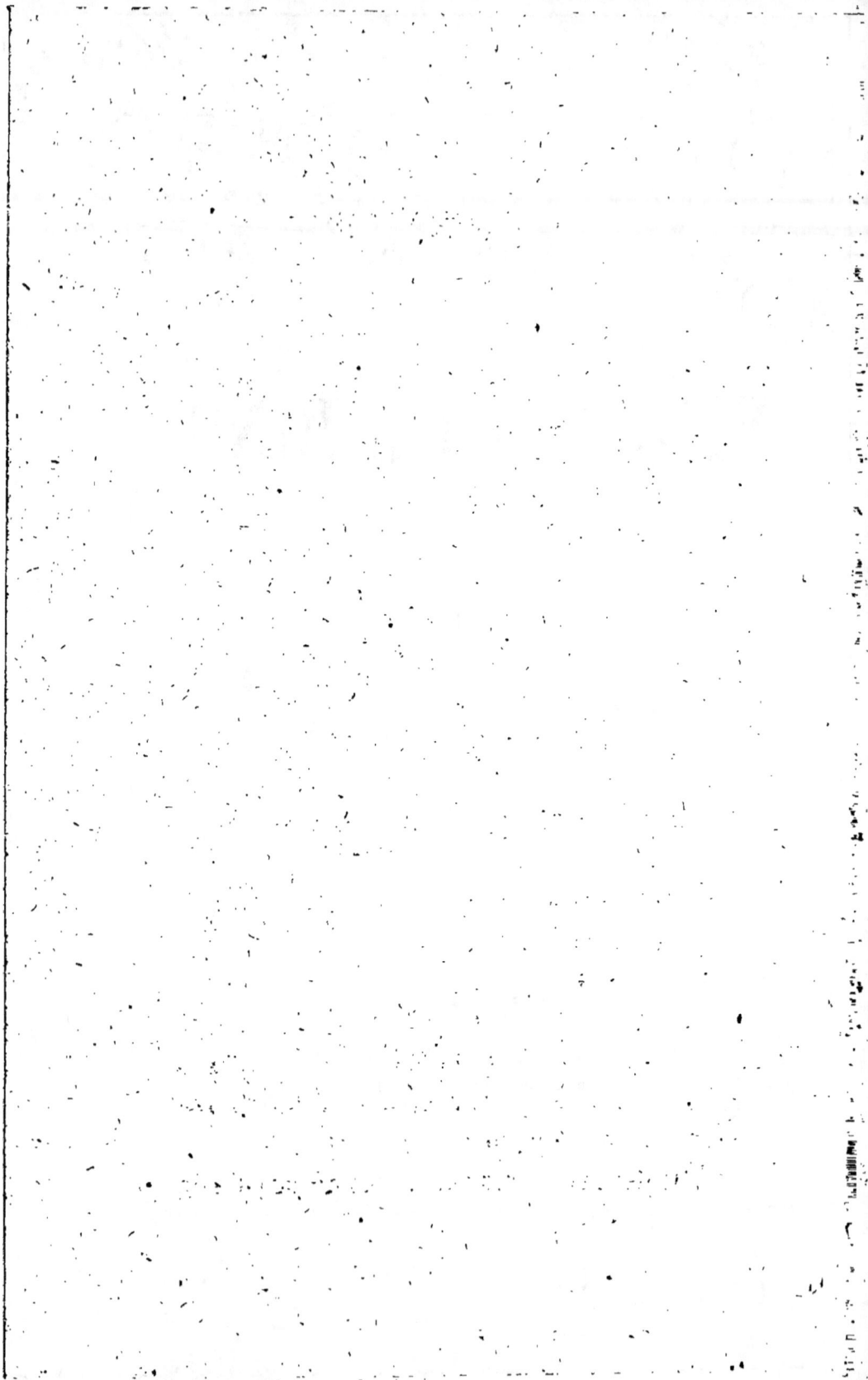

L'EMPRUNT

DE

VINGT MILLIONS

M. Castéja, maire de la ville de Bordeaux, vient de soumettre au Conseil municipal un Rapport relatif aux embellissements de la cité dont l'administration lui a été confiée par S. M. l'Empereur.

Le programme de M. le Maire comprend :

1° **Fourniture de l'eau potable dans la ville de Bordeaux :** 3 millions.

Faisons connaître, en passant, à nos lecteurs, l'opinion de M. le Maire sur l'état des travaux exécutés sous la direction de ses anciens et chers collègues.

« Une des premières nécessités de la ville de

» Bordeaux, dit M. le Maire, consiste dans une
» fourniture d'eau abondante et potable devant
» servir à l'arrosement des rues et aux usages
» ménagers ; et puisque de malheureux événe-
» ments nécessitent la *reconstruction* d'une
» partie importante *du canal d'amenée* et de
» *trois réservoirs hors de service*, ainsi que la
» réparation de *nombreuses défectuosités* dans
» les ouvrages se maintenant encore *avec*
» *peine,* nous croyons utile de compléter ce
» régime par la captation de sources nouvelles
» et la distribution dans toutes les parties de la
» ville, y compris celles qui en ont été privées
» jusqu'à ce jour. »

2° **Halles et marchés :** 3 millions 300,000 fr.

3° **Ouverture de nouvelles voies et prolongement
de voies actuelles.** — Ouverture d'une rue nouvelle, de 20 mètres de largeur, partant de
l'Hôtel-de-Ville et allant aboutir à la rivière
par la porte du Palais : 8 millions 300,000 fr.
— Prolongement des rues Saint-Martin jusqu'à la rue de la Trésorerie ; prolongement
de la rue Rolland jusqu'aux allées Damour :
300,000 francs.

4° **Boulevard extérieur :** 1 million.

5° **Égouts de la ville.** — Ouverture d'un canal collecteur des eaux du Peugue et de la Devèze : 700,000 fr.

6° **Construction d'un musée et d'une bibliothèque :** 1 million.

7° **Embellissement de la place Dauphine :** 100,000 fr.

8° **Rachat du péage du pont de Bordeaux :** 500,000 fr.

9° **Bâtiments du culte religieux.** — Reconstruction et agrandissement des églises Saint-Pierre et Saint-Louis : 500,000 fr.

10° **Enseignement public.** — Écoles primaires : 300,000 fr.

11° **Enseignement secondaire.** — Agrandissement du Lycée : 200,000 fr.

M. le Maire aurait pu ajouter à cette nomenclature : l'achèvement de la rue Désirade, l'achèvement de la rue du Pas-Saint-Georges, l'achèvement de la rue Vital-Carles, l'achèvement de la rue des Trois-Conils par les rues de la Merci, Saint-Siméon, Maucoudinat ; l'achèvement de la rue Porte-Dijeaux, l'achèvement de la rue du Fort-Lesparre, au nouvel alignement de laquelle les plus intelligents ne peuvent rien comprendre, dernière énigme de l'Administration défunte.

Irrésistible effet des entraînements de la mode, dont l'esprit si prudent et si positif de M. le Maire n'a pu se défendre, et qui le lance, les yeux fermés, dans la création des entreprises nouvelles, avant le parfait achèvement des anciennes !

Pour arriver à l'exécution de ce que les auteurs de pareils projets sont convenus d'appeler aujourd'hui *de grandes choses,* M. le Maire, dans son exposé, conclut à un emprunt de 20 millions qui devra être contracté par la Ville.

Rien de plus simple que le mécanisme de cet emprunt. Il serait remboursé en trente-six annuités de 1 million 200,000 fr. chacune, qui commenceraient à courir du 1er juillet 1865 seulement, les ressources de la Ville ne permettant pas d'ouvrir plus tôt la période d'amortissement.

De plus, même à cette époque du 1er juillet 1865, la caisse n'étant pas en état de faire face au paiement des intérêts, il y serait pourvu par une augmentation d'impôts de 700,000 fr., dont 260,000 fr. demandés à l'impôt direct par un accroissement de 9 centimes additionnels au principal des quatre contributions directes, et 440,000 fr. demandés à l'octroi.

Cette dernière augmentation des droits d'octroi porte sur les articles suivants :

1° Vins, 183,000 fr.; — 2° huiles, 70,000 fr.; — 3° fers, 76,000 fr.; — 4° fontes, 14,000 fr.; — 5° pierres, 26,000 fr.; — 6° plomb, 23,000 fr.; — 7° charbon de bois, 19,000 fr.; — 8° oranges, 14,000 fr.; — 9° truffes, 7,000 fr.; — 10° glaces, 7,000 fr.; — 11° blanc-champé, 10,000 fr.; — 12° vinaigres, 3,000 fr.

Notons, entre parenthèses, que l'Administration qui augmente les droits sur les vins, les huiles, le charbon de bois, les vinaigres, supprime en revanche les droits sur le son...!

Par ce qui précède, nous avions raison de le dire, rien de plus simple, on le voit, que le système des voies et moyens de cette grande entreprise.

On n'a pas de capitaux, — on emprunte des capitaux !

L'argent manque pour payer les intérêts et amortir, — on augmente les impôts.

C'est admirable !

Toutefois , comprimons momentanément notre enthousiasme, et voyons un peu le fond des choses.

Le paiement intégral de l'emprunt de 20 millions devra être remboursé, intérêt et capital, nous dit un rapport fort lumineux de M. Armand Lalande, adjoint au maire, en l'espace de trente-six ans, par annuités de 1 million 200,000 fr. chacune. Or, si Barême est juste, trente-six annuités de 1 million 200,000 fr. donnent un total de 43 millions 200,000 fr.

Ce n'est pas tout : l'emprunt étant contracté à une époque plus ou moins prochaine, que le rapport de M. Lalande fixe au 1er juillet 1861 , il y aurait lieu de payer les intérêts jusqu'au 1er juillet 1865, date à laquelle commence

l'amortissement. M. Lalande estime que ces intérêts s'élèveront à 2 millions 875,000 fr., les-
quels, ajoutés aux 43 millions 200,000 fr., por-
tés plus haut, donnent un total, en compte
rond, de 46 millions.

De telle sorte que, pour effectuer immédiate-
ment les travaux projetés par M. le Maire, les-
quels s'élèvent à la somme de VINGT MILLIONS,
la Ville, en réalité, devra tirer de sa caisse
QUARANTE-SIX MILLIONS, c'est-à-dire, en payer
plus de deux fois la valeur.

Et toutes ces belles mesures devant durer
trente-six années au delà du 1er juillet 1865,
c'est-à-dire jusqu'en l'année 1901, c'est donc
jusqu'à la fin de ce siècle et un peu au commencement de l'autre que M. le Maire de Bordeaux propose au Conseil municipal d'engager
les finances de la Ville, et de réduire les deux
générations qui vont nous suivre à l'impossibilité de rien entreprendre!

Ainsi, 46 millions affectés au paiement de
travaux d'une valeur de 20 millions ;
Augmentation d'impôts de 700,000 fr.;
Engagement des finances de la Ville jusqu'en l'année 1901 :

Telles sont, en résumé, les charges que le projet de M. le Maire fait peser, tant sur le présent que sur l'avenir.

J'avoue franchement que cette perspective ne me paraît pas séduisante, et que la combinaison de M. le Maire, quelque bien intentionnée qu'elle soit, me semble s'éloigner des conditions de prudence que l'on ne saurait trop observer en matière de finances.

Aussi ai-je cru de mon devoir de bon citoyen de signaler les inconvénients, je dirai même les dangers, d'un plan que je trouve plus hardi que sage. C'est ce sentiment respectable qui m'a fait prendre la plume, et qui, j'en ai l'espoir, excusera mon insuffisance aux yeux des lecteurs.

Que l'on n'aille pas croire que je me laisse effrayer par le mot *emprunt;* je sais les avantages que peut offrir ce mécanisme financier; j'apprécie, autant que personne, ses ressources et son utilité.

Mais les emprunts, comme toutes les choses de ce monde, ont leur bon et leur mauvais côté; et autant un emprunt contracté dans de bonnes conditions peut donner de bons résul-

tats, autant un emprunt contracté dans des conditions embarrassées déjà peut offrir de périls.

Bien emprunter, c'est semer pour recueillir,
et l'emprunteur, dans ce cas, ne fait pas autre
chose qu'imiter, sur une plus grande échelle,
l'agriculteur intelligent qui consacre un certain capital au défoncement d'un champ, à son
drainage, à sa plantation, à sa clôture, pour
y récolter plus tard une moisson fructueuse.

Encore, si cet agriculteur avait sa fortune
engagée par suite d'opérations antérieures,
ferait-il sagement de marcher d'un pas plus
lent, mais plus sûr, dans la voie des améliora-
tions, et de ne pas se jeter étourdiment dans
des éventualités dont la sagesse humaine, quelque perspicace qu'on la suppose, ne saurait
toujours prévoir la fin.

Or donc, la Ville de Bordeaux est-elle dans
les bonnes conditions voulues pour contracter
un emprunt de 20 millions ?

Est-il bien nécessaire, pour répondre à cette
question, de nous éclairer davantage en faisant
manœuvrer les bataillons de chiffres, d'ailleurs
toujours si complaisants ? L'aperçu général et
instructif qui précède ne suffit-il pas à nous

convaincre, sans qu'il soit besoin de recourir à la stratégie de l'arithmétique ?

Ne connaissons-nous pas, du premier coup, le fond de la caisse municipale et l'insuffisance de ses ressources, lorsque le rapport de M. Lalande nous a dit que, si nous n'augmentons pas nos centimes additionnels de 260,000 fr., et nos droits d'octroi de 440,000, soit, en total, de 700,000 fr., il n'y a pas d'emprunt possible, car il y a impossibilité de payer les intérêts et d'amortir ?

Que pourrions-nous ajouter, désormais, qui portât en soi une condamnation plus solennelle de la mesure ?

Étrange chose ! la Ville de Bordeaux frappe les vins d'une augmentation de droits d'octroi de 80 c. par hectolitre, et cela par l'initiative d'un maire et d'un adjoint, tous les deux membres des plus éclairés de l'Association du libre échange et qui, dans le sein de l'Union vinicole, ont si puissamment contribué jadis à faire ramener l'ancien droit au taux actuel.

Quel bandeau s'est donc abaissé tout d'un coup sur les yeux de ces zélés défenseurs des saines doctrines, pour leur dérober ainsi la voie funeste dans laquelle ils s'engagent!

Bordeaux aura donc, pendant trente ans, fourni une glorieuse campagne en faveur de l'abaissement des tarifs, pour donner ce triste démenti à ses vieilles convictions, et aux autres villes de France un exemple plus compromettant encore pour ses intérêts?

Quelle autorité aurons-nous désormais pour solliciter des municipalités du Nord un adoucissement à leurs tarifs sur nos vins, lorsque nous-mêmes suivons les errements de ces cités en détruisant inconsidérément un régime qui nous a demandé tant de persévérance à fonder?

Au nom de ces principes, qui portent l'avenir de notre fortune; au nom de ces luttes patriotiques, soutenues dans l'intérêt de la meilleure des causes, je prie mes concitoyens de ne pas entrer dans la voie périlleuse où l'on cherche à les égarer. Je les prie de tenir toujours haut et ferme le drapeau de l'abaissement des tarifs, et de ne pas le fouler aux pieds au moment même où les vieilles résistances vaincues viennent en murmurant se ranger sous son ombre!

Je comprends votre désir de faire de grandes choses et d'améliorer ce qui existe; il n'y a personne, dans cette ville, qui n'applaudisse à de pareils sentiments et qui ne les partage. Mais ce que je ne comprends pas, c'est que, pour atteindre ce but, on détruise l'édifice élevé par tant de généreux efforts.

Ah! si vous ne pouvez améliorer qu'à ce prix, n'améliorez pas; restez ce que vous êtes, et attendez des jours meilleurs.

Améliorer, c'est progresser; or, ce n'est pas progresser, que de rétablir les vieux tarifs et les vieux abus que vos propres mains ont renversés!

En lisant le rapport de M. Armand Lalande, quelle impression fâcheuse n'auront pas ressentie, comme moi, tous ceux qui, en d'autres temps, ont vu, dans le sein de nos assemblées libre-échangistes, cet intelligent jeune homme à l'œuvre! Quoi de plus affligeant que de le voir aujourd'hui, avocat de toutes les causes, s'efforçant de justifier, par des arguties embarrassées et des lieux communs puérils, les maux qu'il combattait autrefois!

Quelle est donc, du moins, l'urgence de
ces gigantesques entreprises, qui ne permet-
tent pas d'attendre ; qui demandent à être exé-
cutées, contre tous les obstacles, sans délai, à
l'heure même, et pour lesquelles on nous ré-
clame l'abandon de nos vieilles traditions libé-
rales, le sacrifice de nos saintes doctrines, des
augmentations d'impôts sur nos propriétés et
sur nos octrois, l'engagement de nos finances
jusqu'en l'année 1901, et, finalement, une
somme de QUARANTE-SIX MILLIONS, en échange
de laquelle on nous livre pour VINGT MILLIONS
de travaux ?

LES FONTAINES. D'après ce que nous en savons par nous-mêmes, d'après ce que nous en
ont appris de douloureux événements, et les ré-
vélations si vraies et si affligeantes reproduites
en tête de cet opuscule, M. le Maire a raison ;
pas d'hésitations, pas de timides calculs, pas
de délai, pas de faux-fuyants. C'est d'urgence
qu'il faut décréter les travaux qui doivent
enfin doter Bordeaux d'un système complet
de distribution d'eau potable et sauver ce qui
en reste.

Adieu à ce beau programme de 1851, qui,

pour 4 millions 200,000 fr., promettait, à chaque habitant, 170 litres d'eau pure; à la ville, 2 fontaines monumentales, 11 fontaines de deuxième classe, 22 fontaines de troisième classe, 14 fontaines de quatrième classe, 61 bornes-fontaines, 1,005 bouches d'eau sous trottoirs, 7,460 mètres cubes pour des concessions devant rapporter 400,000 fr. par an, et, par-dessus le marché, 170,000 bains à peu près gratuits!!!

Nous voilà au chiffre de 8 millions, et cela sans fontaines monumentales, sans fontaines de deuxième, de troisième, même de quatrième classe, et, pour les 170,000 bains gratis, réduits, comme devant, aux libéralités de la Garonne!

Ce séduisant programme a eu le sort de tant d'autres programmes; il s'est évanoui, laissant, à la place de douces illusions à peine écloses, le déficit, le désordre et la mort.

C'est pourquoi ne discutons pas le temps et les moyens; réparons au plus tôt ces désastres, et, s'il faut de l'or pour effacer jusqu'aux derniers vestiges de ces malheurs, donnons de l'or!

M. le Maire demande 3 millions, soit : don-

nons 3 millions à M. le Maire, à prendre où il
pourra et quand il voudra.

Voici venir maintenant les halles et marchés, la construction d'un musée, d'une bibliothèque, l'agrandissement de deux églises, l'embellissement de la place Dauphine, voire même
le rachat du péage du pont, l'ouverture d'une
rue monumentale, le percement de rues plus
modestes, sans compter tant d'autres perce-
ments recommandables dont nous voyons le
commencement et de la fin desquels on ne parle
plus.

Mais, hélas! en reconnaissant l'utilité de
tous ces achèvements et faisant des vœux pour
leur plus prompte exécution, je modère mes
désirs, et je les règle, comme doit faire un sage,
sur mes moyens d'action.

Certes, c'est un malheur qu'une ville ne
puisse pas être transformée du jour au lendemain, percée, élargie, alignée, pavée, assai-
nie, éclairée, et que nous ne puissions, par
quelque effet magique, léguer à nos descendants une cité pour laquelle nous ne leur laisserions plus rien à faire. Mais il faut savoir se

contenir, même dans ses meilleurs penchants;
et nos descendants, en bénissant nos bonnes
intentions, aimeront peut-être mieux trouver
quelques alignements à finir et quelque clocher
à construire, qu'une caisse vide et des finances
obérées.

Chaque jour amène sa tâche. Dans notre zèle
inconsidéré, n'enlevons pas à ceux qui nous sui-
vront la possibilité d'y satisfaire.

Donc, nous ferons comme les hommes éco-
nomes et sensés, qui se privent d'un plaisir
lorsque ce plaisir est trop cher.

Nous n'embellirons pas la place Dauphine,
nous ne construirons pas deux églises, nous
ne percerons pas les rues Saint-Martin et Rolland; bien plus, nous ne percerons pas de rue
monumentale, et les rares passants que leurs
affaires appellent de l'Hôtel-de-Ville à la place
du Palais, continueront à suivre la rue des
Trois-Conils, à moins qu'ils ne préfèrent
prendre la rue du Loup.

M. le Maire cède, en effet, à une bien trompeuse illusion, en croyant qu'une rue, même
monumentale, amènera entre l'Hôtel-de-Ville
et la place du Palais le mouvement et la vie.

Deux rues courant parallèlement entre elles, à une distance de 80 à 100 mètres, desservent déjà ce trajet, — la rue du Loup et la rue des Trois-Conils; — la circulation y est insignifiante.

Or, c'est dans le parallélogramme compris entre ces deux rues que M. le Maire ouvre une nouvelle voie, large de 20 mètres.

Je n'hésite pas à le dire, cette rue, qui ne répond à aucun besoin actuel de circulation entre ses points extrêmes ou intermédiaires, malgré ses proportions monumentales, ne créera pas le mouvement dont ces quartiers sont déshérités.

La configuration du plan de Bordeaux nous l'explique.

La ville, qui s'étend parallèlement au fleuve, a une longueur considérable et une largeur relativement exiguë; il s'ensuit que toutes les rues percées dans le sens de la longueur forment des artères principales, et absorbent à leur profit le mouvement de la circulation dont toutes les rues perpendiculaires au fleuve sont naturellement privées.

Voilà pourquoi la rue du Chapeau-Rouge, rue monumentale s'il en fut, est à peu près

déserte, si l'on en excepte les heures de la
bourse, tandis que, depuis le matin jusqu'au
soir, la rue du Pas-Saint-Georges, étroite,
étranglée, glissante, est constamment obs-
truée par la foule.

Il est fâcheux que M. le Maire, dont le Rapport indique des vues si grandioses, n'ait pas
présidé, dans le temps, à l'adoption du plan
de la rue Sainte-Catherine, dont on a fait un
couloir mesquin et insuffisant; nous aurions
eu alors une large voie véritablement digne
de notre cité.

Mais si cela a été une faute que de donner
à cette rue une largeur insuffisante, ce serait
commettre une autre faute non moins grave,
dans le sens opposé, que d'ouvrir entre deux
impasses — la rivière et l'Hôtel-de-Ville —
une rue monumentale, ruineuse superfluité.

J'ajoute que cette rue, inutile pour la circulation, le serait également pour la salubrité.

Grâce à Dieu, Bordeaux n'est point une de
ces villes insalubres où l'on rencontre des
quartiers humides, malpropres, tortueux,
repaires affligeants de toutes les misères sociales.

De tels quartiers n'y existent pas ; et si l'on compte quelques rues insalubres, ce n'est pas sur le tracé de la voie monumentale de M. le Maire qu'elles se rencontrent.

La nouvelle voie traverserait en effet la rue Victor, qui n'est pas une rue malsaine, la rue de Cheverus, qui n'est pas une rue malsaine, la rue Sainte-Catherine, qui n'est pas une rue malsaine, la rue du Pas-Saint-Georges, la rue des Bahutiers, qui ne sont pas des rues malsaines, et les couperait à angle droit, justement au sommet d'un plateau au bas duquel coulent d'un côté la Devèze, et de l'autre le Peugue.

Donc, la rue projetée ne satisfait ni à un besoin de circulation, ni à un besoin d'hygiène publique ; c'est une œuvre de pure fantaisie, inspirée par un sentiment artistique.

Or, il importe de savoir si Bordeaux, en possession déjà de deux entrées princières et monumentales, — le cours Napoléon et les fossés du Chapeau-Rouge, — est assez riche pour se passer une fantaisie inutile, qui, d'après le programme de M. le Maire, lui coûtera 8 millions 300,000 fr. Et nous savons ce que c'est que les chiffres d'un programme, et, qui pis est, d'un programme où les expropriations auront à jouer le rôle principal.

Je voudrais savoir sur quels éléments positifs la Commission d'architectes et d'entrepreneurs chargée d'évaluer la dépense a pu asseoir avec certitude ses évaluations, et quel est celui de ses membres qui voudrait répondre, sur sa fortune personnelle, que ce devis de 8 millions 300,000 fr. ne s'élèvera pas à 10, à 12, voire même à 15 millions, lorsque le jury d'expropriation aura passé par là.

Aussi, nous en appelons à la haute raison de M. le Maire, à son esprit d'observation si judicieux; nous en appelons de ses bonnes intentions égarées par leur excès même, à ses bonnes intentions éclairées par le calme et la réflexion, et nous sommes convaincu que cet honorable magistrat sera tout le premier à abandonner un projet ruineux pour nos finances, sans compensation d'aucune sorte.

J'arrive maintenant à une question sur laquelle je suis heureux de trouver l'occasion de dire mon avis.

Je veux parler de la question du rachat du pont, question très-populaire à Bordeaux, je

ne l'ignore pas, qui a eu le bonheur de pas-
sionner les esprits, et souvent de les égarer.

M. le Maire propose de racheter le péage du
pont, et d'imposer à la Ville une contribution
de 500,000 fr. pour cet objet.

Je commence par établir que cette question
du péage a perdu une grande partie de son
importance, au point de vue de l'intérêt général, depuis que les chemins d'Orléans et du
Midi ont été reliés par une passerelle.

Avant ce grand fait, qui vient de modifier
si heureusement la situation, on comprenait
que les hommes dont l'esprit plane au-dessus
des intérêts particuliers pour n'envisager que
l'ensemble des choses, demandassent la suppression d'un droit frappant soit des marchandises, soit des voyageurs, et qui était pour
eux une charge sans compensation.

Mais, aujourd'hui, une importante révolution
s'est faite : voyageurs et marchandises sont af-
franchis de ce droit, et la question est descen-
due au niveau d'un intérêt à peu près local.

La construction du pont de Bordeaux a élevé
de moitié la valeur des propriétés situées sur
la rive droite dans un certain périmètre.

La suppression du droit de péage élèvera la valeur de ces mêmes propriétés d'un cinquième.

Aussi les réclamations qui ont eu lieu contre le péage ont-elles eu surtout pour auteurs les propriétaires de la rive droite.

Rien de plus naturel que de voir les intérêts blessés s'élever contre qui les blesse.

Mais, il faut le dire, si les réclamations ont été vives, tout s'est borné à des réclamations. On s'est réuni et on a discuté. On a rédigé des pétitions, — tout le monde a donné sa signature. On a ouvert des souscriptions, — personne n'a donné son argent.

Ce n'est pas exagérer que d'estimer à 4 ou 5 millions la plus-value réalisée du jour au lendemain par les propriétés de la rive droite par la seule suppression du péage.

Eh bien! je le demande, est-il juste que la Ville emprunte une somme de 500,000 fr., que l'on augmente mes impositions, déjà si lourdes, et mes droits d'octroi, déjà passablement élevés, à moi qui passe peut-être deux fois par an sur le pont de Bordeaux, pour accomplir une mesure dont l'effet sera d'augmenter d'un cinquième les propriétés de la rive droite?

Si les finances de la Ville étaient aussi prospères qu'elles le sont peu, et que M. le Maire pût disposer de la somme de 500,000 fr. sans que j'eusse à en souffrir, je ne ferais pas d'objection, et je dirais à M. le Maire : Il y a là un inconvénient, supprimons-le.

Mais subir une augmentation sur mes impôts, payer plus cher mon vin, mon charbon, mon huile, mes pierres, pour que, dans le périmètre de La Bastide, 20 millions de propriétés en vaillent 25, ce n'est ni de bonne justice, ni de bonne administration. Mes compatriotes de l'autre rive auraient le droit de rire à mes dépens et de se dire meilleurs Gascons que moi.

Ce n'est pas ainsi qu'en équité les choses doivent se passer. Que MM. les Propriétaires de la rive droite se réunissent; qu'ils se concertent et s'entendent, non plus pour signer des pétitions, mais pour signer des souscriptions; qu'ils se décident à faire sérieusement une chose sérieuse; que ceux qui gagneront 20,000 fr. à la suppression du péage s'engagent à donner une contribution proportionnelle pour supprimer le péage, et alors, s'il manque à leur total quelques milliers de francs, soit, que la Ville s'exécute.

C'est dans cette mesure restreinte seulement que je comprends l'intervention de Bordeaux.

Car, je le répète, la question du rachat du péage du pont n'est plus aujourd'hui pour la Ville qu'une question étroite, qui la touche médiocrement, et qui ne blesse que peu ou point les intérêts généraux.

Peut-être M. le Maire comprend-il les choses comme moi, car, en proposant d'affecter 500,000 fr. au rachat du pont, il déclare qu'il veut simultanément annexer à Bordeaux la commune de La Bastide.

Si l'annexion que veut opérer M. le Maire devait se faire comme d'autres annexions plus importantes se sont faites, le suffrage universel consulté, nous laisserions les populations de La Bastide noyer dans l'urne du scrutin le projet de M. le Maire.

Encore, nous nous demandons quel grand intérêt Bordeaux peut avoir à l'annexion de La Bastide? Grâce à la modération ou à l'absence de certains droits d'octroi, il est vrai que des établissements considérables se sont fondés dans le périmètre de La Bastide et qu'ils y prospèrent; il est vrai qu'en englo-

bant ces établissements dans la ceinture de
Bordeaux, et en leur imposant le tarif de nos
octrois, la caisse municipale retirerait de cette
combinaison un bénéfice réel. Mais, outre ce
qu'il y aurait de violent et d'inique à changer
ainsi les conditions d'existence d'industries et
d'intérêts respectables, la Municipalité de Bordeaux aurait à pourvoir à des dépenses d'éclai-
rage, de pavage, de surveillance, etc., qui,
en fin de compte, n'apporteraient pas au cha-
pitre des recettes une compensation bien sen-
sible.

D'ailleurs, par cela même que la Municipalité de Bordeaux projette d'augmenter nos impôts et nos tarifs d'octroi, et à cause de cela
surtout, je demande grâce pour la commune
de La Bastide, pour ses usines, pour ses vastes
entrepôts.

Il n'est pas mal qu'en face de Bordeaux, et
séparée de nous seulement par le fleuve, s'é-
lève une cité industrieuse qui grandisse en
population, en activité et en richesse, par le
seul fait d'une plus grande liberté commer-
ciale et d'une plus grande modération dans
les charges de toute nature.

Ce spectacle, il faut l'espérer, sera d'un sa-

lutaire exemple pour une Municipalité portée
à élever les tarifs et à multiplier les centimes
additionnels, et qui promet de nous conduire
à la prospérité par les moyens inverses qui,
sur l'autre rive, ne promettent pas la prospérité, mais la donnent.

A merveille! me répondra M. le Maire. Vous
interdisez à l'Administration actuelle d'em-
bellir la place Dauphine, de percer la rue Rolland, d'ouvrir une rue monumentale, d'augmenter les centimes additionnels et les droits
sur les vins, les huiles, les pierres, les truffes
et le blanc-champé; vous lui interdisez même
d'annexer La Bastide; qu'attendez-vous d'elle
après l'avoir réduite à zéro?

Non, certes, je fais trop cas des capacités de
l'Administration actuelle pour la mettre aussi
bas. Je lui demande, au contraire, une grande
chose à laquelle je la prie d'apporter tous ses
soins, toute son énergie, tous les efforts de sa
raison. Je lui demande de rendre à la cité le
plus grand service qu'une bonne administration puisse lui rendre, dans les fâcheuses cir-
constances où l'a placée la présomption unie à
la plus déplorable incurie.

Je lui demande de rétablir l'ordre dans nos finances en désarroi ; de réparer, par une stricte économie, les maux de folles prodigalités, et de rendre ainsi leur ressort à nos ressources épuisées.

Lorsque l'Administration aura accompli cette tâche difficile, elle aura utilement marqué son passage ; elle aura donné une grande leçon aux esprits superficiels qui, s'attachant plus au côté clinquant qu'au côté solide des choses, se jettent inconsidérément dans les entreprises sans en calculer les conséquences.

Mais ce n'est pas en greffant un nouvel emprunt de 20 millions, remboursable en trente-six ans, sur un récent emprunt de 5 millions, remboursable en vingt-cinq ans, qu'elle atteindra ce but.

Ce n'est pas en frappant d'un droit plus élevé les pierres, dont le prix a déjà doublé depuis dix ans, qu'elle favorisera les constructions et abaissera le prix des loyers.

Ce n'est pas en augmentant les impôts sur les objets de première nécessité, qu'elle réalisera le beau rêve de la vie à bon marché.

Ce n'est pas en se laissant aller aux entraînements de la chaux vive et du moellon, qu'elle effacera les désastres du passé et raffermira l'avenir.

Ce n'est pas, enfin, en augmentant les impôts sur les matières de première nécessité, qu'elle améliorera, quoi qu'elle en dise, le sort des consommateurs peu fortunés.

La prospérité ne naît pas des charges, mais des allégements. La cité qui paie le vin, le pain, l'huile, le charbon de bois, les loyers le meilleur marché, est bien près de devenir la cité la plus prospère, si elle ne l'est déjà. Dans cette ville favorisée, tout se pondère et s'équilibre sans effort, sans secousse, sans violence, par la merveilleuse loi des attractions sociales, et le niveau du bien-être monte de lui-même sans qu'il soit nécessaire de recourir aux expédients.

M. le Maire paraît croire qu'en improvisant de vastes chantiers sur tous les points de la ville, il enrichira la population ouvrière. Je l'étonnerai beaucoup en lui disant qu'il ruinera nos finances sans enrichir les ouvriers.

D'abord, il faut le constater, dans l'état actuel des choses, ce n'est pas le travail qui manque à l'ouvrier, mais bien l'ouvrier plutôt qui manque au travail. Le mouvement naturel des affaires a suffi pour produire cet heureux résultat.

Les 20 millions de l'emprunt jetés dans les démolitions et les reconstructions amèneront une perturbation dans cet état en excitant une activité fébrile et passagère. Les 20 millions une fois dépensés, que deviendront ces instruments improvisés pour les besoins du moment? Comment ce torrent de travailleurs rentrera-t-il dans son lit? Après avoir donné naissance à ces appétits factices, comment M. le Maire parviendra-t-il à les satisfaire?

Fatal enchaînement des fausses doctrines! M. le Maire viendra nous demander de nouveaux millions, et, cette fois, non plus pour enrichir la classe ouvrière, mais pour l'empêcher de mourir de faim.

Les mauvaises combinaisons ont aussi leur inflexible logique, et nous verrons la Municipalité éperdue, condamnée, pour nous servir du mot d'un homme d'esprit, aux *travaux forcés* à perpétuité, tomber, pour sauver la situation, d'expédients en expédients.

Telle est à mes yeux la vérité des faits.

Telles sont les conséquences fatales que doit
entraîner le projet d'emprunt de 20 millions
et le plan des travaux extraordinaires proposés
par M. le Maire.

Malheureusement, une conviction sincère et
de bons arguments ne suffisent pas toujours
pour convaincre les autres. Il me faudrait cette
clarté d'exposition, cette netteté de style, ces
entraînements d'éloquence qui frappent les
esprits d'une vive lumière, les émeuvent et les
persuadent.

Aussi me permettra-t-on, en terminant,
d'emprunter tout ce qui me manque à un de
nos concitoyens, le plus justement apprécié
pour ses qualités éminentes, et de citer quelques extraits d'écrits et de discours signés ou
prononcés par cet homme distingué, auquel la
modestie de M. le Maire ne l'empêchera pas,
je l'espère, de rendre hommage.

Le 20 février 1841, dans une pétition des
propriétaires de vignes de la Gironde aux
Chambres législatives, où se trouve la signature de la personne à laquelle je fais allusion,
il est dit :

« . . . .

» Enfin, comme si ce n'était pas assez de
» tant d'impôts plus ou moins étayés sur une
» législation souvent modifiée, mais toujours
» oppressive, viennent les octrois; les octrois
» dont l'exagération interdit à nos vins l'entrée
» de la plupart des villes; fiscalité révoltante
» qui perpétue à son profit l'abus d'une loi qui
» lui traçait de justes limites; véritables doua-
» nes extérieures que nous rencontrons à tou-
» tes les barrières; qui nous accueillent, pres-
» que partout, à des conditions souvent plus
» dures que celles de l'étranger; législation
» perverse dont les préférences resserrent
» de jour en jour les voies de consommation,
» après avoir imprudemment brisé l'alliance
» naturelle de tant d'intérêts productifs. »

Le 20 janvier 1841, les mêmes propriétaires
de vignes de la Gironde, s'adressant aux membres du Conseil municipal de Bordeaux, en
vue d'un abaissement de tarif, leur disaient :

« Oui, Messieurs, nous ne craignons pas de
» l'affirmer, l'institution des octrois sur les
» boissons est *inique;* sa longue existence, té-
» moignage du respect des populations même
» pour une loi injuste, ne doit plus la protéger.

» Vous penserez donc avec nous que sa suppres-
» sion est d'autant plus urgente, que rien ne
» saurait justifier la continuation d'un impôt
» qui n'aurait jamais dû commencer. »

Et plus loin :

« L'administration, chargée de veiller aux
» intérêts communs avec cette prudence que
» l'esprit de localité n'a pas toujours, a con-
» sacré, encouragé pour ainsi dire, les sur-
» taxes en accueillant toutes les demandes qui
» lui ont été faites; ainsi la construction de
» théâtres, d'églises, de ponts, d'écoles, de
» chemins, de puits artésiens, de fontaines,
» de colléges, le déficit même des caisses com-
» munales, tout, enfin, est devenu un motif
» suffisant d'autorisations.

» La ville de Bordeaux, elle-même si inté-
» ressée à maintenir ce tarif légal, n'a pas su
» se garantir de l'abus; dans l'espoir d'ajouter
» quelques ressources d'assez peu 'd'impor-
» tance à son budget, elle a autorisé, justifié
» en quelque sorte, les surtaxes dont plus de
» cent cinquante villes nous frappent à leurs
» barrières. Aussi ne cesserons-nous de récla-
» mer contre ces abus de surtaxes; mais, avant

» tout, nous devons obtenir chez nous la ré-
» forme que nous poursuivons chez les autres ;
» il ne faut pas qu'on puisse nous opposer à
» nous-mêmes, etc.... »

Enfin, le 15 septembre 1843, dans l'assem-
blée générale de l'Union vinicole, la même
personne, s'adressant à une réunion nom-
breuse composée de propriétaires, de députés
et de délégués de toute la France, commençait
un discours en ces termes :

« Vous allez, Messieurs, entendre un rap-
» port sur l'octroi, dont nous demandons la
» suppression en ce qui regarde les liquides,
» par le motif que, lorsque le vin et les esprits
» ont déjà payé l'impôt indirect établi au profit
» du Trésor, ils ne doivent pas être frappés
» une seconde fois par un autre impôt indirect
» perçu au profit des villes, etc.... »

Voilà ce que pensait des octrois et des augmentations de tarifs sur les vins, pour la construction d'églises, d'écoles, de ponts, etc....,
une personne, je le répète, douée de l'autorité
que donnent l'intelligence, la pratique des affaires, et l'éloquence.

Avant de faire consacrer par un vote l'augmentation des droits d'octroi sur les vins, sur
les huiles, sur les pierres, les fers, etc., qu'il
sollicite du Conseil municipal de Bordeaux,
que M. le Maire daigne prendre l'avis de la personne dont je viens de signaler brièvement les
sentiments sur la matière.

Cette personne est de ses meilleurs amis. Il
peut la consulter sans déplacement, en tous
lieux, à toute heure; et si ma faible argumen-
tation a eu le bonheur d'ébranler, même légè-
rement, l'opinion de M. le Maire, j'ose espérer
que le mystérieux auxiliaire dont j'invoque
le secours achèvera, par tous les moyens de
persuasion que je lui connais, mon œuvre à
peine ébauchée.

J'adjure, en finissant, MM. les Membres du
Conseil municipal de ne pas se laisser éblouir
par la brillante mais trompeuse fantasmagorie
de l'exposé de M. le Maire.

Qu'ils n'oublient pas qu'ils sont la protes-
tation vivante du sentiment public déçu contre
les administrateurs qui ne sont plus. Esprits
charmants, mais légers, tout pleins de bande-
roles vénitiennes et de lanternes en papier,

qui ont cru qu'une ville se régissait par des mises en scène de cirque olympique, et qui, après avoir promené triomphalement dans la rue, sur des rails ébréchés, un arbre à feuilles persistantes, ont quitté la partie, laissant derrière eux tout à refaire : fontaines, théâtres, alignements, et finances.

Qu'ils n'oublient pas enfin que, représentants de Bordeaux, ils sont les défenseurs nés des principes simples et vrais de toute bonne organisation sociale. Qu'ils se tiennent en garde contre ces doctrines économiques, nouvelles pour nous, au nom desquelles on les convie à des entreprises risquées pour enrichir les ouvriers ; au nom desquelles on perce des boulevards de ceinture et on annexe ses voisins pour exterminer la fraude, tout en créant de nouvelles excitations à la fraude par l'augmentation du droit sur le vin qui réconforte l'ouvrier, sur le charbon qui le chauffe, sur l'huile et le vinaigre qu'il consomme, sur les pierres et le fer qui servent à construire les maisons qui l'abritent.

Que le souvenir encore tout palpitant des ruineuses folies du passé soit leur guide ; et qu'aux séductions de ces programmes pana-

chés où les dépenses de grilles en fer galva-
nisé et d'annexion se mêlent aux recettes sur
les truffes et le blanc-champé, leur bon sens,
éclairé par l'expérience, réponde : *Non bis in
idem.*

BORDEAUX

Imprimerie générale de Mme Crugy, rue et hôtel Saint-Siméon. 16.

www.ingramcontent.com/pod-product-compliance
Lightning Source LLC
LaVergne TN
LVHW022037080426
835513LV00009B/1104